DISCOURS

A L'OCCASION DU

CINQUANTIÈME ANNIVERSAIRE

DE

L'ORDINATION SACERDOTALE

DE

Monsieur Auguste Frédéric DENIS

CHANOINE DE LA CATHÉDRALE DE MEAUX

AUMONIER DU MONASTÈRE DE LA VISITATION SAINTE-MARIE

PRONONCÉ

DANS LA CHAPELLE DE LA VISITATION

EN PRÉSENCE DE

SA GRANDEUR MONSEIGNEUR EMMANUEL DE BRIEY

ÉVÊQUE DE MEAUX

ET DU CHAPITRE DE SON ÉGLISE CATHÉDRALE

PAR

M. Ch. MORET, Vicaire Général

LE MARDI 8 DÉCEMBRE 1891

en la fête de l'Immaculée Conception de la Très Sainte Vierge

MEAUX

LE BLONDEL, IMPRIMEUR-LIBRAIRE DE L'ÉVÊCHÉ

DISCOURS

A L'OCCASION DU

CINQUANTIÈME ANNIVERSAIRE

DE

L'ORDINATION SACERDOTALE

DE

MONSIEUR AUGUSTE FRÉDÉRIC DENIS

CHANOINE DE LA CATHÉDRALE DE MEAUX

AUMONIER DU MONASTÈRE DE LA VISITATION SAINTE-MARIE

PRONONCÉ

DANS LA CHAPELLE DE LA VISITATION

EN PRÉSENCE DE

SA GRANDEUR MONSEIGNEUR EMMANUEL DE BRIEY

ÉVÊQUE DE MEAUX

ET DU CHAPITRE DE SON ÉGLISE CATHÉDRALE

PAR

M. CH. MORET, VICAIRE GÉNÉRAL

LE MARDI 8 DÉCEMBRE 1891

en la fête de l'Immaculée Conception de la Très Sainte Vierge

MEAUX

A. LE BLONDEL, IMPRIMEUR-LIBRAIRE DE L'ÉVÊCHÉ

DISCOURS

A L'OCCASION DU

CINQUANTIÈME ANNIVERSAIRE

DE L'ORDINATION SACERDOTALE

DE MONSIEUR DENIS, CHANOINE

PRONONCÉ

DANS LA CHAPELLE DE LA VISITATION, DE MEAUX

PAR M. CH. MORET, VICAIRE GÉNÉRAL

Le Mardi 8 Décembre 1891

————◦————

> *Sanctificabis annum quinquagesimum...*
> *ipse est enim Jubilæus.*
>
> Vous sanctifierez la cinquantième année...
> car c'est le Jubilé.
>
> Au livre du Lévitique, chapitre XXV°.

MONSEIGNEUR,

Autrefois Moïse, écrivant sous l'inspiration du Très-Haut, avait réglé les lois et les rites qu'Israël devrait accomplir pour l'oblation de ses sacrifices et dans la célébration de ses fêtes. L'incomparable législateur ordonnait, entre autres observances, de sanctifier la cinquantième année ; et il en avait fait une époque jubilaire, c'est-à-dire un temps de pieux repos et de renouvellement joyeux.

Sanctificabis annum quinquagesimum... ipse est enim Jubilæus... Et nous aujourd'hui, Mes Frères, dociles héritiers de cette prescription lévitique, nous sommes venus célébrer au pied des autels le jubilé d'un prêtre éminent et cher à tous... Si sa modestie l'avait permis, des amis beaucoup plus nombreux fussent accourus de toutes parts, et eussent rempli une plus vaste enceinte ; mais le héros de cette fête n'a voulu pour elle d'autre caractère que l'intimité d'une réunion de famille, ni d'autre foyer que ce monastère béni... Appelé à prendre la parole en ce beau jour, je me souviens de ses discrètes instances chaque fois que, pour les diverses solennités de cette chapelle, il lui fallait obtenir d'un confrère une allocution d' « un petit quart d'heure. » Mais je me verrai sans doute obligé de dépasser quelque peu la durée traditionnelle pour saluer le cinquantième anniversaire de l'ordination sacerdotale de Monsieur Auguste Frédéric Denis, membre du Chapitre de l'apostolique et insigne Eglise de Meaux, aumônier du monastère de la Visitation Sainte-Marie.

I

C'était le deuxième dimanche de l'Avent, cinq décembre 1841 ; six jeunes lévites (1) étaient réunis dans l'antique chapelle du Palais épiscopal pour recevoir la Prêtrise. Parmi eux se trouvait un diacre originaire d'une paroisse suburbaine, appelée jadis « fille de l'Evêché » et qui devait rester longtemps — on n'y laïcisait pas encore — une véritable pépinière sacerdotale. Le pieux ordinand sortait d'ailleurs d'une de ces familles patriarcales sur lesquelles Dieu se plaît à faire tomber ses préférences ; et bientôt les

____

(1) MM. : Denis ; Lelay, Paillard (Nicolas). Papin, Sylvestre, Tisserand.

trois frères allaient appartenir au service des autels (1).
Peut-être y avait-il en même temps dans ces vocations le
rayonnement des mérites d'un saint curé — mort Doyen
du Chapitre (2) — qui avait béni leurs premiers pas, et
dont le prédécesseur (3) rappelait, lui aussi, tout ce que la
vertu a de plus pur, la charité de plus tendre, la vie ecclésiastique de plus parfait.

Mgr Allou, de pieuse mémoire, était évêque de Meaux
depuis deux ans. Il avait prématurément usé sa vue dans
les recherches studieuses par lesquelles son esprit limpide
aimait à scruter le secret des choses — *rerum cognoscere
causas,* selon le vers antique ; — et le docte prélat avait
dû recourir pour l'ordination à son voisin et excellent ami
M. Blanquart de Bailleul, évêque de Versailles. C'était
également auprès de lui que notre ancien évêque allait
chercher une force de plus pour la sagesse de ses conseils
et de fraternelles consolations dans les luttes que l'Eglise,
toujours militante, ne cesse de subir ; réalisant ainsi ce
mot des Saintes Ecritures : *Frater qui adjuvatur a fratre,
quasi civitas firma.*

Prêtre du Seigneur ! c'est par l'entremise de cet autre
lui-même que l'Evêque de Meaux recevait vos promesses
et votre immolation sans retour ! *Tu es sacerdos in æter-
num...* Ah ! nous comprenons les ineffables émotions qui
dans cette journée lointaine ont dû ravir votre âme. Vous
avez recueilli et les graves avertissements du Pontife, et
la révélation qu'il vous a faite de vos nouvelles grandeurs.

(1) MM. Frédéric Denis, chanoine ;
       Jean-Baptiste Denis, prêtre retraité, ancien curé de Ger-
         migny-l'Evêque ;
       Aimé Denis, prêtre retraité, ancien aumônier de l'hospice
         de Coulommiers.
(2) M. Pruneau, nommé curé de Varreddes en 1815.
(3) M. Sassinot, curé de Varreddes de 1804 à 1815.

Entrez maintenant dans la carrière que Dieu vous pré-
pare ; vous serez le prophète du Très-Haut pour instruire
et sanctifier les âmes ! *Propheta Altissimi... ad dandam
scientiam salutis.*

Cinquante ans se sont écoulés depuis cette époque. C'est
un long espace dans la vie d'un homme et même dans
celle d'un pays. C'est, comme il a été souvent observé, la
trente-sixième partie de l'existence entière de l'Eglise, qui
ne date que de dix-huit siècles !... Saint Augustin, étudiant
la mystique des nombres, — avec lesquels la Sagesse divine a disposé toutes choses ; *omnia in numero... disposuit* —
nous assure qu'ils sont pleins de salutaires images et de
révélations profondes ; *magnæ significationis.* Il a vu dans
le nombre 40 la figure des souffrances de la vie et celle des
épreuves de l'humanité. C'est le déluge ; ce sont les sta-
tions d'Israël au désert ; c'est le jeûne de Notre-Seigneur...
Puis, le chiffre 50 apparaît au saint Docteur comme le
nombre parfait, comme la formule complète du temps,

> ... cette image mobile
> De l'immobile éternité.

Cinquante coudées sont une des mesures de l'Arche, qui
abritera la suprême épave de l'humanité ; cinquante
justes sont proposés d'abord pour le rachat d'une ville
coupable ; et tant d'autres circonstances du vieux Testa-
ment où le nombre 50 resplendit comme un chiffre sau-
veur... C'est encore la cinquantième année judaïque, gage
de prospérité pour la synagogue ! C'est la Pentecôte chré-
tienne enfantant la sainte Eglise, mère unique des élus, et
qui consommera ici-bas l'œuvre de Dieu...

Ah ! Je ne suis plus surpris que le peuple chrétien ait
adopté cette période privilégiée pour témoigner plus solen-
nellement encore sa religieuse affection envers les prêtres
qui se dévouent pour le sauver.

II

Mais, qu'est-ce que le Prêtre ? A l'évangile de l'ordination de notre cher jubilaire, la sainte liturgie redisait, comme dimanche dernier, cette parole que les disciples de Jean adressaient au Messie : Etes-vous Celui qui doit venir ? *Tu es qui venturus es, an alium expectamus ?* Oui, comme son divin Maître, le ministre de Jésus-Christ est celui qui doit venir ; et l'humanité n'a pas à en attendre un autre.... L'Eglise lui a donné le nom de prêtre, qui signifie « vieillard », parce qu'elle l'a mûri avant l'âge dans la prière, l'étude et le silence. Elle l'a vaillamment armé pour tous les combats ; il ira à travers le monde sous la garde de sa vertu ; il portera partout où on l'enverra les ardeurs de son zèle et les trésors de sa charité !... Des esprits dévoyés, que sa présence importune, annoncent qu'il disparaîtra demain, et que l'Eglise qu'il représente a fait son temps ! comme ils disent. Ah ! Ce sont les générations humaines qui font leur temps et se succèdent sans relâche. Quant à l'Eglise elle n'a pas de temps à faire ; elle a l'immortalité en partage. Et le jour où le sacerdoce manquerait à nos sociétés, ce serait pour elles un malheur plus grand que si le soleil venait subitement à s'éteindre au-dessus de nos têtes ! Jamais au contraire une tâche plus importante ne lui fut dévolue. Il réveillera le feu caché sous la cendre ; il changera une seconde fois la face de la terre...; comme il est raconté du prophète Ezéchiel ramenant un jour à la vie des ossements desséchés ;

> Et le champ de la mort tout entier se leva,
> Redevint un grand peuple, et bénit Jéhova.

Dans la sublime fonction de la prière publique, le prêtre récite tour-à-tour l'office des Vierges, des Confesseurs, des

Martyrs, des Apôtres. Il semble que notre sainte Mère l'Eglise ait voulu ainsi le familiariser en quelque sorte avec les différentes hiérarchies de la Cité de Dieu, èt l'asso- cier à chacune d'elles ! Oui, le prêtre est à la fois tout cela.... il est la synthèse du monde des élus.

Comme les Vierges du Seigneur, c'est lui que nos saints livres représentent, dans sa royauté sacerdotale, suivant partout l'Agneau divin sur la terre et dans le ciel. *Hi sequuntur Agnum quocumque ierit, virgines enim sunt.*

Le prêtre est confesseur, pour attester la vérité ; il est le docteur des peuples. Il saura parler haut et ferme aux puissants d'ici-bas, comme un Ambroise ; il s'inclinera vers les affligés et les petits, comme un Vincent de Paul. Et, depuis le Souverain-Pontife, placé au sommet de l'hu- manité pour éclairer tous les doutes et fortifier tous les cœurs ; depuis les douze cents évêques — successeurs des douze apôtres — qui régissent avec lui l'Eglise de Dieu, jusqu'aux trois cent mille prêtres qui enlacent l'univers entier dans un réseau de foi et d'amour.... toujours appa- raîtra cette armée du droit et du bien qui est le sel de la terre et la lumière du monde.

Oserai-je ajouter que le prêtre est martyr ! Sans doute, il n'a pas à redouter le martyre sanglant qui ne sévit qu'à certaines époques de l'histoire. Mais il est exposé à des souffrances bien autrement longues et parfois plus cruelles encore... Oui, athlète du Christ et tenant du Cal- vaire, tu rencontreras sur ton chemin des contradictions de tout genre et des épreuves de tous les instants. Ce sera pour toi des combats au dehors, des inquiétudes au de- dans ; *foris pugnæ, intus timores.* Pendant que tu te dé- voueras, des cris malveillants t'assailleront peut-être ; et, trop souvent, constatant avec amertume la stérilité de tes efforts il semble que tu n'auras plus qu'à redire : j'ai arrosé de mes larmes des sillons qui n'ont point germé, et des champs qui n'ont point fleuri. *Curavimus Babylo-nem, et non est sanata!...* Mais c'en est assez pour ce douloureux tableau, selon le mot d'un saint docteur : *Appellavi martyrem, prædicavi satis.*

Enfin, le prêtre est l'héritier des Apôtres et le coopéra-teur de leur œuvre. Comme eux il ne pourra se sauver qu'en sauvant les autres ; *Væ mihi si non evangelizavero !* Et la mission que le prélat consécrateur lui a donnée ap-paraît comme la sublime variante de celle que les apôtres ont reçue eux-mêmes du Seigneur... Il avait été dit aux apôtres : baptisez ; il est dit au prêtre : *oportet baptizare.* Il leur avait été dit : enseignez ; il est dit au prêtre : *oportet prædicare.* Il leur avait été dit : faites ceci en mémoire de moi ; il est dit au prêtre : *oportet offerre.* Les apôtres avaient été constitués chefs et juges des âmes ; il est dit au prêtre : *oportet præesse, benedicere.* Et, si les glorieux fon-dateurs de l'Eglise ont jadis conquis le monde, aujour-d'hui encore le peuple appartiendra définitivement à celui qui aura su prier pour lui, travailler et souffrir pour lui.

Et même, Mes Frères, écoutant de nouveau notre évan-gile de dimanche dernier, nous sommes enhardis à cher-cher au delà de ce monde une ressemblance pour le prêtre. Le Seigneur Jésus voit en son fidèle Précurseur plus qu'un prophète ; c'est l'ange envoyé pour préparer ses voies. *Ecce ego mitto angelum meum.* Oui, le prêtre est de la société des anges. Comme les anges, il chante la gloire du Très-Haut ; comme eux, il garde le tabernacle ; comme eux, il annonce les divines volontés. Sa vertu rappelle leur souvenir à la terre ; *clericus, angelus.*

Et s'il me fallait aller jusqu'au bout de ma pensée, je devrais compléter l'auréole sacerdotale en ajoutant que le prêtre est un autre Jésus-Christ, homme et Dieu avec Jésus-Christ ; *sacerdos alter Christus.* Il semble que c'est pour lui, comme pour le Verbe incarné, que l'Evangéliste a fait remonter jusqu'à Dieu la filiation de notre premier père : *qui fuit Adam, qui fuit Dei!*... Le prêtre est appelé à délier les consciences, et l'Esprit-Saint a dit : *nemo potest dimittere peccata nisi solus Deus.* Il prononce à l'autel cette parole uniquement divine : *hoc est corpus meum.* Ayant accès au trône de la grâce, *ad thronum gratiæ,* c'est lui qui répand tous les trésors du ciel sur les âmes !

III

Mais, Mes Frères, c'est vous avoir bien longuement exposé les grandeurs du sacerdoce. Je n'ai fait d'ailleurs que tracer un portrait dans lequel votre piété a fidèlement reconnu le jubilaire de ce jour... Les cinq compagnons de son ordination ont quitté cette terre ; quant à lui, toujours le même, il peut, en dépit des années, répéter ce mot des divines Ecritures : ma vieillesse est semblable à ma jeunesse ; *sicut dies juventutis meæ, ita et senectus.*

Lorsqu'on parcourt une antique forêt, on se plaît à admirer les arbres séculaires qui en sont l'ornement. On suit par la pensée la marche régulièrement progressive de leur élévation, l'expansion de leurs racines dans les profondeurs du sol. Il semble que l'on respire, auprès de ces géants de la création, un air plus fortifiant et plus pur. On voudrait pouvoir les interroger sur les événements dont ils ont été les contemporains, sur les vanités humaines qu'ils ont vues s'évanouir.... Mais, ajoute un pieux auteur, combien il est plus précieux de rencontrer une de ces existences bénies de Dieu et des hommes, un de ces prêtres qui sont comme les rameaux séculaires de la sainte Eglise. On aime le commerce de ces âmes ; on cherche à savoir d'elles comment elles ont su prendre si profondément racine dans la vertu, s'élever si haut vers ses sommets ; on leur demande quelles sont les voies les meilleures et les plus simples pour être entièrement à Dieu. Et alors, au contact de mérites qui s'ignorent eux-mêmes, l'esprit devine, le cœur pressent tous les secrets des cieux.

Que votre humilité se rassure, Monsieur le Chanoine ; je ne songe aucunement à déchirer le voile discret qui enveloppe la sainteté de vos œuvres. Je ne raconterai pas vos cinquante années de fructueux labeurs. Je ne dirai pas avec quel zèle vous avez instruit et formé de nombreuses générations sacerdotales, ni comment les dignités ecclésiastiques vous ont saisi dès la première heure, aux applaudissements du diocèse entier. Je veux taire aussi cet oubli de vous-même, cet empressement à vous tenir à la disposition de tous, cet état d'âme toujours égal dont ce sanctuaire pourrait au besoin témoigner. Je ne rappellerai pas davantage cette érudition qui vous distingue, ces écrits universellement appréciés et dont l'autorité est si grande. Tout le monde sait, d'ailleurs, que nulle époque de notre histoire locale n'a pour vous de surprises ; il n'est pas jusqu'à l'agriculture de notre Brie qui ne vous ait révélé toute la série de ses efforts (1)... Quoi d'étonnant alors que nos évêques n'aient jamais consenti à priver la ville épiscopale de votre concours. Depuis bientôt trente ans ils vous ont ménagé auprès de Messieurs de Saint-Lazare — pour lesquels votre famille n'est point une étrangère (2) — la plus sacerdotale hospitalité.

On dirait, Mes Frères, que tout se réunit pour rehausser, dans son modeste cadre, cette solennité.

Le Souverain-Pontife Léon XIII, glorieusement régnant, a ouvert, à son occasion, le trésor spirituel de l'Eglise. Et, avec une bénédiction spéciale pour le jubilaire célé-

____

(1) M. Denis a joint à ses autres publications une histoire de l'agriculture en Seine-et-Marne.

(2) M. Denis (Pierre), oncle du chanoine, est mort Prêtre de la Mission.

brant, il accorde à nous tous ici présents, une indulgence plénière aux conditions ordinaires. Que le Père de nos âmes daigne accueillir l'expression émue de notre religieuse et filiale reconnaissance.

Monseigneur, vous avez bien voulu, à votre tour, apporter à cette réunion une marque de haute sympathie, avec le bienfait de votre présence. Votre Grandeur aura aussi une de ses meilleures bénédictions pour le digne jubilaire d'aujourd'hui ; et, sous l'abondance d'une pareille faveur, il dira comme le Roi-Prophète : *senectus mea in misericordia uberi.*

Le Chapitre de la cathédrale ne pouvait, de son côté, oublier le cinquantenaire d'un de ses membres. Et le vénérable Corps, gardien des traditions de l'Eglise Meldoise, organe de la prière publique diocésaine, dépositaire d'une importante partie de la juridiction ecclésiastique... s'est transporté dans cette enceinte pour acclamer le sixième chanoine jubilaire que la ville de Meaux va compter (1).

Mes chères Sœurs, cette fête est aussi — j'allais dire surtout — la vôtre. Depuis longtemps elle était dans vos pensées ; et grâce à l'actif concours d'un confrère dévoué (2), rien n'a été négligé pour en augmenter l'éclat. Vous avez préparé à votre zélé et docte aumônier un cierge artistement ouvragé ; d'habiles mains ont brodé pour lui des ornements d'une merveilleuse exécution ; rayonnante livrée du Seigneur dont il est à jamais le féal ministre. *Deo mancipatus!* Depuis quarante ans, M. Denis est le guide de votre maison, faisant goûter aux filles de saint François de Sales les suaves enseignements de leur illustre fondateur, établissant dans les âmes cet esprit de réparation expiatrice qui est le fond même de la vie religieuse,

(1) Avec MM. Rabolin, Verdier, Marescot, Puyo, Liégeois.
(2) M. Dumont, chanoine.

comme il en est la gloire, et que naguère un académicien dépeignait en ces termes :

> Le fardeau des péchés du monde est rude et grave,
> Ma pauvre sœur !... Pour tous les tyrans, sois esclave.
> Sois chaste, o sainte enfant, pour tous les corrompus ;
> Bonne, pour les pervers ; sobre, pour les repus.
> Sois pauvre, l'on voit tant d'avarices vantées !
> Souffre, il est des heureux. Prie, il est des athées...

Quant à vous, Mes Frères, témoins empressés de cette imposante cérémonie, vous aurez recueilli la leçon qui s'en dégage, en vous souvenant que les diverses phases de notre vie s'écoulent rapidement sous le regard de Dieu ! Prenons ensemble le passé, le présent et l'avenir de nos jours, pour les offrir au Seigneur comme un sacrifice de louange. *Juvenes et virgines, senes cum junioribus, laudate nomen Domini...* Mais, par dessus tout, jetons un regard d'espérance et d'amour sur l'éternel jubilé des Cieux.

Maintenant, Monsieur le Chanoine, vous allez reprendre possession de l'autel, pour achever l'immolation du « Dieu avec nous ». Que rendrai-je au Seigneur pour tant de bienfaits ! aviez-vous dit, au jour mille fois béni de votre première messe. Et, voilà qu'après un demi siècle, ayant reçu tous les jours le même trésor, vous n'avez qu'à demander de nouveau : Que rendrai-je au Seigneur ! *Quid retribuam Domino...* Et votre cœur de prêtre répondra comme la première fois : Je prendrai le calice du salut et j'invoquerai le nom du Seigneur tout-puissant ! *Calicem salutaris accipiam, et nomen Domini invocabo !...*

O Vierge Marie ! o Reine conçue sans la tache originelle ! C'est sous les auspices de cet auguste mystère que se trouve placé le souvenir qui nous rassemble. Il y a quelques mois, un grand nombre de pèlerins meldois allaient à Lourdes baiser à genoux la trace de vos pas et saluer avec transport l'incommunicable privilège que, là-bas, vous avez vous-même rappelé à la terre. A la suite du Prélat vénéré que « *Diex conduie* », ils ont confié à votre tutelle de Mère tous les grands intérêts de notre diocèse aimé... O Vierge sainte! Nous demandons aujourd'hui, par votre céleste intercession, que le cher chanoine aumônier, désormais jubilaire, remplisse sa mission de dévouement pendant beaucoup d'années encore, *ad multos annos*; que ses amis, que les nombreuses âmes qu'il éclaire continuent longtemps à rencontrer en lui une vieillesse toujours jeune et une vertu toujours féconde, *ad multos annos !* En attendant les années sans fin de la bienheureuse éternité.

Amen.

MEAUX. — IMP. A. LE BLONDEL.

67

www.ingramcontent.com/pod-product-compliance
Lightning Source LLC
Chambersburg PA
CBHW061858080726
47597CB00010BA/4283